TAO TE CHING

O LIVRO DO CAMINHO E DA VIRTUDE

LAO TZU

TAO TE CHING

O LIVRO DO CAMINHO E DA VIRTUDE

LAO TZU

Tradução
Erika Patrícia Moreira
João Pedro Nodari

Revisão
Ana Carolina Morais

Dados Internacionais de Catalogação na Publicação (CIP)
Angélica Ilacqua CRB-8/7057

Tzu, Lao

Tao Te Ching : O Livro do Caminho e da Virtude / Lao Tzu ; tradução de Erika Patrícia Moreira, João Pedro Nodari. -- Brasil : Pé da Letra, 2021.
176 p. : il., color.

ISBN 978-65-5888-209-1
Título original: Tao Te Ching

1. Taoísmo I. Título II. Moreira, Erika Patrícia III. Nodari, João Pedro

21-1706   CDD 299.511

Índices para catálogo sistemático:
1. Taoísmo

Diretor
James Misse

Coordenação Editorial
James Misse

Direção de Arte
Luciano F. Marcon

Diagramação
Everaldo J. Pressel

Tradução
Erika Patrícia Moreira
João Pedro Nodari

Revisão
Ana Carolina Morais

Contato
atendimento@editorapedaletra.com.br

1ª edição em 2021
www.editorapedaletra.com.br
Todos os direitos reservados.
As reproduções de imagens deste volume têm finalidade histórica, jornalística e didática.
Atendem a Lei nº 9.610, de 19 de fevereiro de 1998, capítulo VI, art. 46, incisos III e VIII.

SUMÁRIO

		十五	36	四十一	90	六十七	142
		十六	38	四十二	92	六十八	144
		十七	40	四十三	94	六十九	146
		十八	42	四十四	96	七十	148
		十九	44	四十五	98	七十一	150
		二十	46	四十六	100	七十二	152
		二十一	48	四十七	102	七十三	154
		二十二	50	四十八	104	七十四	156
		二十三	52	四十九	106	七十五	158
		二十四	54	五十	108	七十六	160
		二十五	56	五十一	110	七十七	162
		二十六	58	五十二	112	七十八	164
一	8	二十七	60	五十三	114	七十九	166
二	10	二十八	62	五十四	116	八十	168
三	12	二十九	64	五十五	118	八十一	170
四	14	三十	66	五十六	120	O Autor	173
五	16	三十一	68	五十七	122		
六	18	三十二	70	五十八	124		
七	20	三十三	72	五十九	126		
八	22	三十四	74	六十	128		
九	24	三十五	76	六十一	130		
十	26	三十六	78	六十二	132		
十一	28	三十七	80	六十三	134		
十二	30	三十八	84	六十四	136		
十三	32	三十九	86	六十五	138		
十四	34	四十	88	六十六	140		

PRIMEIRA PARTE

1

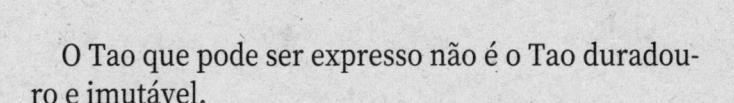

O Tao que pode ser expresso não é o Tao duradouro e imutável.

O nome que pode ser nomeado não é o nome duradouro e imutável.

(Concebido) como sem nome, é o Originador do céu e da terra;

(concebida) como tendo um nome, é a Mãe de todas as coisas.

Sempre sem desejo devemos ser encontrados.

Mas se o desejo sempre estiver dentro de nós, sua borda externa é tudo o que veremos.

Esses dois aspectos são os mesmos; mas conforme o desenvolvimento ocorre, recebe os diferentes nomes. Juntos, nós os chamamos de Mistério. Onde o Mistério é o mais profundo portão de tudo o que é sutil e maravilhoso.

2

二

Todo mundo conhece a beleza do belo e ao fazer isso têm a ideia do que é feiura. Todos conhecem a habilidade dos habilidosos e ao fazer isso têm a ideia do que é a falta de habilidade.

Assim é que a existência e a não existência dão origem uma a ideia da outra; que a dificuldade e a facilidade produzem uma a ideia da outra; o comprido e o curto modelam um a figura do outro; que as ideias de altura e a baixeza surge do contraste de uma com a outra; que as notas musicais e tons tornam-se harmoniosos por meio da relação de um com o outro; e aquele ser antes e atrás dão a ideia de um seguindo o outro.

Portanto, o sábio administra os negócios sem fazer nada e transmite suas instruções sem o uso da fala.

Todas as coisas surgem e não há uma que recuse mostrar-se; crescem, e não há nenhuma reclamação feita por sua propriedade; passam por seus processos e não há expectativa de recompensa pelos resultados. O trabalho está concluído e não há descanso nisso (como uma conquista).

A obra está feita, mas sem apego.

É isso que faz com que o poder não deixe de existir.

3

三

Não enobrecer habilidades superiores é a maneira de impedir rivalidades; não enaltecer artigos que são difíceis de adquirir é a maneira de evitar que se tornem cobiçados; afastar os desejos é a maneira de manter a mente longe da desordem.

Portanto, o sábio, no exercício de seu governo, esvazia a mente do povo, preenche sua barriga, enfraquece sua vontade e fortalece seus ossos.

Ele constantemente tenta mantê-los sem conhecimento e sem desejo, e onde há aqueles que têm conhecimento, desencoraja-os de agir (sobre ele).

Quando há essa abstinência de ação, a boa ordem é universal.

4
四

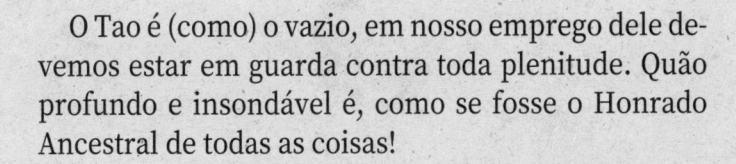

O Tao é (como) o vazio, em nosso emprego dele devemos estar em guarda contra toda plenitude. Quão profundo e insondável é, como se fosse o Honrado Ancestral de todas as coisas!

Devemos embotar nossas pontas afiadas e desvendar as complicações; harmonizar a luz. Quão puro e tranquilo é o Tao, como a existência eterna!

Não sei de quem sou filho. Venho de antes de Deus.

5

五

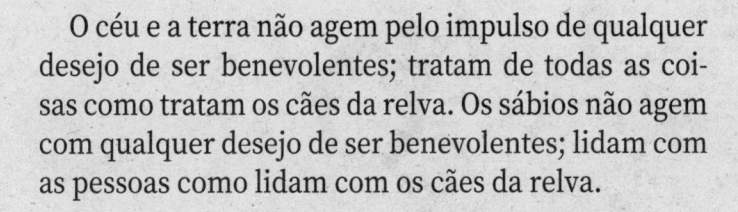

O céu e a terra não agem pelo impulso de qualquer desejo de ser benevolentes; tratam de todas as coisas como tratam os cães da relva. Os sábios não agem com qualquer desejo de ser benevolentes; lidam com as pessoas como lidam com os cães da relva.

O espaço entre o céu e a terra não pode ser comparado a um fole?

> 'Se esvazia, mas não perde seu poder;
> 'Se move, e envia ainda mais ar.
> Vemos muito do discurso à rápida exaustão.
> Seu ser interior protege e o mantém livre.

6
六

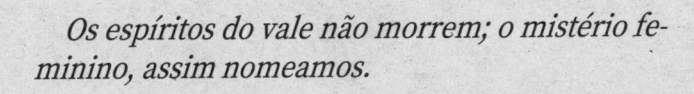

Os espíritos do vale não morrem; o mistério feminino, assim nomeamos.

O portão, de onde primeiro eles saíram, é chamado de raiz da qual nasceram o céu e a terra.

Longo e ininterrupto seu poder permanece, usado com cuidado e sem o toque de dor.

7

七

O céu é duradouro e a terra contínua. A razão pela qual o céu e terra são capazes de resistir e continuar por muito tempo é que eles não vivem de, ou para, si mesmos. É assim que eles são capazes de continuar e perseverar.

Portanto, o sábio coloca sua própria pessoa por último e ainda assim é encontrado no primeiro lugar; ele trata sua pessoa como se fosse estranha para ele e ainda assim essa pessoa é preservada. É porque ele não tem fins pessoais e privados que tais fins são realizados.

8
八

A maior excelência é como a da água. A excelência da água aparece beneficiando todas as coisas, e ocupa, sem se esforçar do contrário, o baixo lugar que todos os homens não gostam. Seu caminho está próximo ao do Tao.

A excelência de uma residência está na adequação do local; a da mente está na quietude abismal; a das associações está em ser com os virtuosos; a do governo está em garantir a boa ordem; a de (condução de) assuntos está em sua habilidade; e a do (início de) qualquer movimento está em sua oportunidade.

E quando (aquele com a maior excelência) não discute (sobre sua baixa posição), ninguém o critica.

9
九

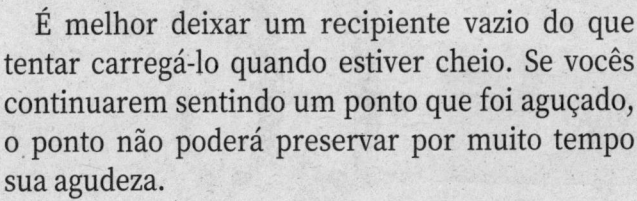

É melhor deixar um recipiente vazio do que tentar carregá-lo quando estiver cheio. Se vocês continuarem sentindo um ponto que foi aguçado, o ponto não poderá preservar por muito tempo sua agudeza.

Quando ouro e jade enchem o salão, seu possuidor não pode mantê-los seguros. Quando riqueza e honras conduzem à arrogância, isto traz o mal sobre si mesmo.

Quando o trabalho é feito, e o nome de alguém está se tornando distinto, retirar-se para a obscuridade é o caminho do céu.

10

十

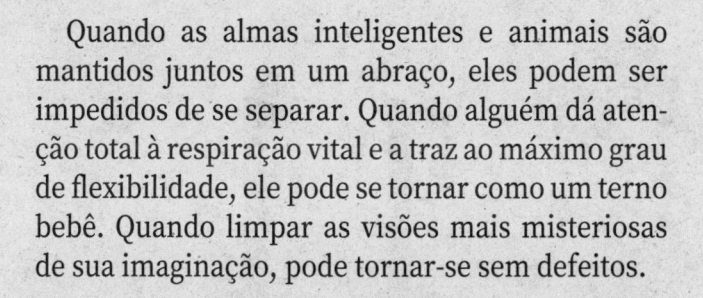

Quando as almas inteligentes e animais são mantidos juntos em um abraço, eles podem ser impedidos de se separar. Quando alguém dá atenção total à respiração vital e a traz ao máximo grau de flexibilidade, ele pode se tornar como um terno bebê. Quando limpar as visões mais misteriosas de sua imaginação, pode tornar-se sem defeitos.

Ao amar as pessoas e governar o estado, não pode ele prosseguir sem nenhum propósito de ação? Na abertura e fechamento de seus portões do céu, ele não pode fazer isso como uma ave fêmea? Embora sua inteligência alcance em todas as direções, ele não pode (parecer) estar sem conhecimento?

(O Tao) produz todas as coisas e as nutre; ele as produz e não reivindica como suas; faz tudo, mas não se vangloria disso; preside tudo e ainda não controla. Isso é o que é chamado de 'A Qualidade misteriosa' (do Tao).

11

十一

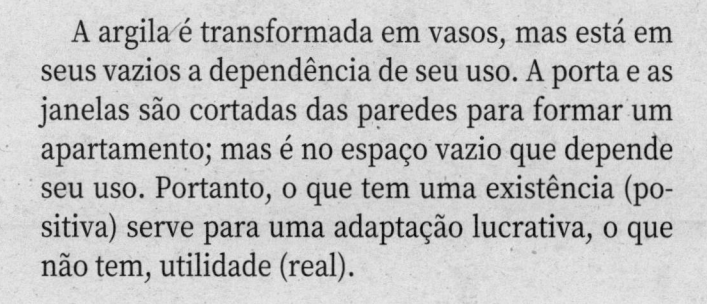

A argila é transformada em vasos, mas está em seus vazios a dependência de seu uso. A porta e as janelas são cortadas das paredes para formar um apartamento; mas é no espaço vazio que depende seu uso. Portanto, o que tem uma existência (positiva) serve para uma adaptação lucrativa, o que não tem, utilidade (real).

12
十二

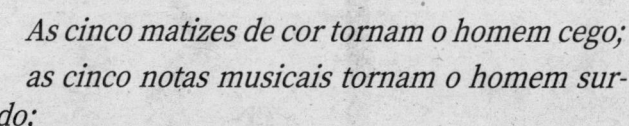

As cinco matizes de cor tornam o homem cego;
as cinco notas musicais tornam o homem surdo;
os cinco sabores privam a boca do paladar;
o curso da carruagem e os resíduos da caça selvagem enlouquecem a mente; objetos raros e estranhos, quando procurados, conduzem a uma mudança maligna.

Portanto, o sábio busca satisfazer o desejo da barriga e não o insaciável desejo dos olhos. Ele tira dele o último e prefere buscar o primeiro.

13
十三

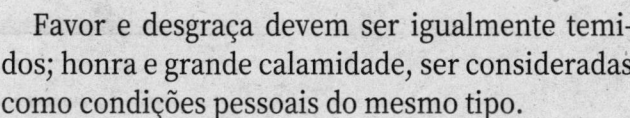

Favor e desgraça devem ser igualmente temidos; honra e grande calamidade, ser consideradas como condições pessoais do mesmo tipo.

O que significa falar de favor e desgraça? A desgraça é estar em baixa posição após o gozo do favor. A obtenção desse favor leva a apreensão de perdê-lo e isso leva ao medo de ainda maior calamidade: isso é o que significa dizer que favor e desgraça devem ser igualmente temidos.

E o que significa dizer que honra e grande calamidade devem ser (da mesma forma) consideradas como condições pessoais? O que me torna sujeito a grandes calamidades é eu ter o corpo (que chamo a mim mesmo); se eu não tivesse o corpo, que grande calamidade poderia vir até mim?

Portanto, aquele que administra o reino, honrando-o como ele honra sua própria pessoa, pode ser contratado para governá-lo, e aquele que o administraria com o amor que ele tem por sua própria pessoa pode ser confiado.

14
十四

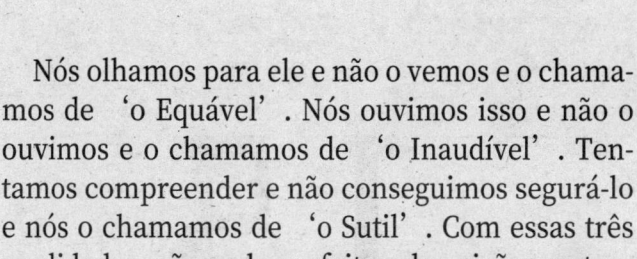

Nós olhamos para ele e não o vemos e o chamamos de 'o Equável'. Nós ouvimos isso e não o ouvimos e o chamamos de 'o Inaudível'. Tentamos compreender e não conseguimos segurá-lo e nós o chamamos de 'o Sutil'. Com essas três qualidades, não pode ser feito a descrição; portanto, nós as combinamos e obtemos O Um.

Sua parte superior não é brilhante e sua parte inferior não é obscura. Incessante em sua ação, ainda não pode ser nomeado, e então retorna novamente e se torna nada. Isso é chamado a forma do informe e a semelhança do invisível; isso é chamado de Rápido e indeterminado.

Nós o encontramos e não vemos seu rosto; nós o seguimos e não vemos seu verso. Quando podemos apoderar-nos do Tao de outrora para dirigir as coisas dos dias atuais, e somos capazes de conhecê-lo como era antigamente no início, isso é chamado desenrolar a pista do Tao.

15
十五

Os hábeis mestres do Tao nos velhos tempos, com uma penetração sutil e requintada, compreenderam seus mistérios e foram profundos também de modo a iludir o conhecimento dos homens. Como estavam, portanto, além do conhecimento dos homens, farei um esforço para descrever como se pareciam.

Pareciam aqueles que atravessam um riacho no inverno; irresolutos como aqueles que têm medo de tudo ao seu redor; graves como um convidado (temeroso de seu anfitrião); evanescentes como o gelo que está derretendo; despretensiosos como a madeira que não foi moldada em qualquer coisa; vazios como um vale e opacos como a água lamacenta.

Quem pode limpar a água lamacenta? Deixe-a ficar quieta e gradualmente se tornará clara. Quem pode garantir a condição de descanso? Deixe o movimento continuar e a condição de descanso surgirá gradualmente.

Aqueles que preservam este método do Tao não desejam estar cheios de si mesmos. Isto é: por não estarem cheios de si, podem dar-se ao luxo de parecerem desgastados e não parecerem novos e completos.

16

十六

O estado de vacância deve ser levado ao grau máximo e aquele de quietude guardado com vigor incansável. Todas as coisas passam por seus processos de atividade e então nós as vemos retornar ao seu estado original. Quando as coisas no mundo vegetal exibem seu crescimento exuberante, vemos cada uma delas retornar à sua raiz. Esse retorno à raiz é o que chamamos de estado de quietude; essa quietude pode ser chamada de relato de que cumpriram o fim designado.

O relatório desse cumprimento é a regra regular e imutável. Não saber disso leva a movimentos selvagens e questões malignas. O conhecimento dessa regra imutável produz uma (grande) capacidade e tolerância, e essa capacidade e tolerância conduzem a uma comunidade (de sentir com todas as coisas). Desta comunidade de sentimento vem uma realeza de caráter; e aquele que é semelhante a um rei continua a ser semelhante ao céu. Nessa semelhança com o céu, ele possui o Tao. Possuidor do Tao, ele dura muito; até o final de sua vida corporal, está isento de todo perigo de decadência.

17
十七

Na mais alta antiguidade, o povo não sabia o que eram governantes. Na próxima era, eles os amaram e os elogiaram. Na próxima, eles os temeram; na próxima eles os desprezavam. Foi assim que a fé deficiente dos governantes (no Tao) resultou uma falta de fé neles (nos governantes).

Quão irresolutos pareciam aqueles primeiros governantes, mostrando por suas reticências a importância que eles colocam em suas palavras! Seu trabalho estava feito e seus empreendimentos foram bem-sucedidos, enquanto todas as pessoas diziam: 'Somos como somos!'

18

十八

Quando o Grande Tao (Caminho ou Método) deixou de ser observado, a benevolência e a justiça entraram em voga. Então apareceu sabedoria e perspicácia e seguiu-se uma grande hipocrisia.

Quando a harmonia não mais prevaleceu entre os seis parentescos, os filhos piedosos encontraram sua manifestação; quando os estados e clãs entraram em desordem, apareceram ministros leais.

19
十九

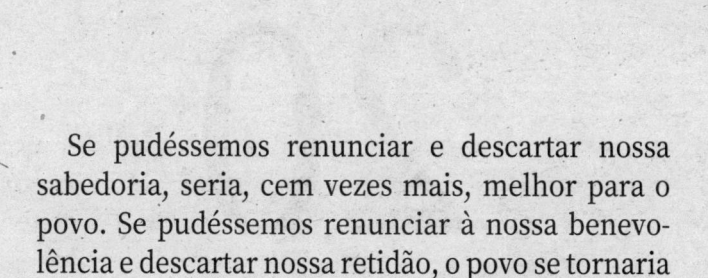

Se pudéssemos renunciar e descartar nossa sabedoria, seria, cem vezes mais, melhor para o povo. Se pudéssemos renunciar à nossa benevolência e descartar nossa retidão, o povo se tornaria novamente filial e bondoso. Se pudéssemos renunciar nossos artifícios artificiais e descartar nosso maquinário, não haveria ladrões.

Visualizações simples e cursos claros evitam luxúrias e fins egoístas.

20

二十

Quando renunciamos ao aprendizado, não temos problemas.

O (pronto) 'sim' e (lisonjeiro) 'sim'; pequena é a diferença que eles exibem.

Mas marque seus problemas, bons e ruins; que espaço o abismo deve preencher?

O que todos os homens temem deve ser realmente temido; quão amplo e sem fim é o intervalo de perguntas (pedindo para ser discutidas)!

A multidão de homens parece satisfeita; como se estivesse desfrutando de um banquete completo, como se montados em uma torre na primavera. Eu sozinho pareço apático e quieto, meus desejos ainda não deram nenhuma indicação de sua presença. Sou como uma criança que ainda não sorriu. Pareço abatido e desamparado, como se não tivesse uma casa para onde ir. A multidão de todos os homens têm o suficiente e de sobra. Só eu pareço ter perdido tudo. Minha mente é a de um homem estúpido; eu estou em um estado de caos.

Os homens comuns parecem brilhantes e inteligentes, enquanto só eu pareço ser ignorante. Parecem cheios de discernimento, enquanto eu sozinho estou entediado e confuso. Eu pareço ser carregado quase como no mar, vagando como se não tivesse onde descansar. Todos os homens têm suas esferas de ação, enquanto eu sozinho pareço enfadonho e incapaz. Assim, sozinho sou diferente dos outros homens, mas valorizo a ama (o Tao).

21

二十一

As maiores formas de força ativa do Tao vem de sua única fonte.

Quem pode dizer da natureza do Tao?

Nossa visão voa, nosso toque também.

Evitando a visão, iludindo o toque, todas as formas das coisas se agacham; evitando o toque, iludindo a visão, existe sua imagem.

Profundo é, escuro e obscuro;

Todas as essências das coisas lá perduram.

Essas essências que a verdade envolve, quando vistas, serão provadas.

Agora é assim; era tão antigo.

Seu nome – o que não passa;

Então, em sua bela variedade, as coisas se formam e nunca se decompõem.

Como posso saber que é assim com todas as belezas das coisas existentes? Por esta (natureza do Tao).

22
二十二

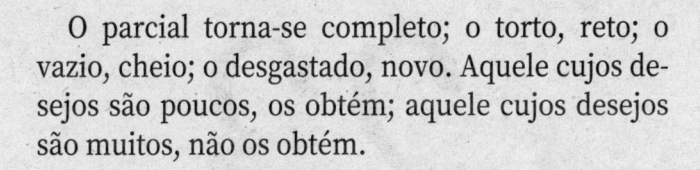

O parcial torna-se completo; o torto, reto; o vazio, cheio; o desgastado, novo. Aquele cujos desejos são poucos, os obtém; aquele cujos desejos são muitos, não os obtém.

Portanto, o sábio mantém em seu abraço a única coisa (humildade) e a manifesta para todo o mundo. Ele está livre de auto-exibição e, portanto, ele brilha; de autoafirmação e, portanto, ele se distingue; de se gabar e, portanto, seu mérito é reconhecido; da autocomplacência e, portanto, adquire superioridade. É porque ele está livre de lutar que, portanto, ninguém no mundo é capaz de esforçar-se com ele.

Aquele ditado dos antigos de que "o parcial se torna completo", não era em vão falado: toda a conclusão real é compreendida sob ele.

23
二十三

A abstenção da fala marca aquele que obedece à espontaneidade de sua natureza. UM vento violento não dura uma manhã inteira; uma chuva repentina não dura o dia inteiro. A quem essas duas coisas são devidas? Ao céu e a terra. Se o céu e a terra não podem fazer com que tais atos (espasmódicos) durem muito, quanto menos pode o homem!

Portanto, quando alguém está fazendo do Tao seu negócio, aqueles que também o estão seguindo, concordam com ele nisso, e aqueles que estão fazendo a manifestação de seu curso concordam com ele nisso; enquanto mesmo aqueles que estão falhando nessas duas coisas concordam com ele onde eles falham.

Portanto, aqueles com quem ele concorda quanto ao Tao têm a felicidade de alcançar isto; aqueles com quem ele concorda quanto à sua manifestação têm a felicidade de alcançar isto; e aqueles com quem ele concorda em seu fracasso também têm a felicidade de alcançar (o Tao). Mas quando não há fé suficiente de sua parte, uma falta de fé (nele) segue (por parte dos outros).

24
二十四

Aquele que fica na ponta dos pés não se mantém firme; quem estica as pernas não anda facilmente. Então, quem se exibe não brilha; aquele que afirma suas visualizações, não se distingue; aquele que se vangloria não encontra seu mérito reconhecido; aquele que é presunçoso não tem superioridade concedida a ele. Tais condições, vistas do ponto de vista do Tao, são como restos de comida, ou um tumor no corpo, que todos não gostam. Daí aqueles que seguem o curso do Tao não os adota e permite.

25

二十五

Havia algo indefinido e completo, vindo à existência antes do céu e da Terra. Quão quieto e sem forma, sozinho, e sem sofrer nenhuma mudança, alcançando todos os lugares e sem perigo de ficar exausto! Pode ser considerado como a Mãe de todas as coisas.

Não sei seu nome, e dou-lhe a designação de Tao (o Caminho ou Curso). Fazendo um esforço para dar-lhe um nome, chamo-o de O Grande.

Ótimo, passa em fluxo constante. Passando, torna-se remoto. Tendo tornado-se remoto, ele retorna. Portanto, o Tao é grande; O céu é ótimo; A terra é excelente; e o sábio rei também é excelente. No universo existem quatro que são excelentes, e o sábio rei é um deles.

O homem tira sua lei da Terra; a Terra recebe sua lei do Céu; o Céu tira sua lei do Tao. A lei do Tao é ser o que é.

26

二十六

A gravidade é a raiz da leveza; quietude, a governante do movimento.

Portanto, um príncipe sábio, marchando o dia todo, não se afasta de seus vagões de bagagem. Embora ele possa ter perspectivas brilhantes para olhar, ele permanece silencioso (em seu devido lugar), indiferente a eles. Como o senhor de uma miríade de carruagens deve carregar-se levianamente diante do reino? Se agir levianamente, ele perdeu sua raiz (de gravidade); se ele prosseguir para o movimento ativo, perderá seu trono.

27
二十七

O hábil viajante não deixa rastros de suas rodas ou passos; o orador habilidoso não diz nada que possa considerá-lo culpado; o contabilista habilidoso não usa cálculos; o mais hábil para fechar não precisa de parafusos ou barras, e abrir o que ele fechou será impossível; o hábil encadernador não usa cordas ou nós, enquanto que para soltar o que ele vinculou será impossível.

Da mesma forma, o sábio é sempre hábil em salvar homens e por isso ele não rejeita homem algum; ele é sempre hábil em salvar coisas, e assim não joga fora nada. Isso é chamado de 'Escondendo a luz de seu procedimento'. Portanto, o homem hábil é um mestre (a ser admirado) por aquele que não tem a habilidade; aquele que não tem a habilidade é o ajudante (a reputação) daquele que tem a habilidade. Se um não honrou seu mestre e o outro não se alegrou com seu ajudante, um observador, embora inteligente, pode errar muito sobre eles. Isso é chamado de 'o máximo grau de mistério'.

28
二十八

Quem conhece a força de sua masculinidade,
ainda assim, sua fraqueza feminina mantém;
Quanto a um canal fluem os muitos drenos,
todos vêm a ele, sim, tudo sob o céu.
Assim, ele mantém a excelência constante;
a criança simples de novo, livre de todas as manchas.

Quem sabe como a luz atrai, no entanto, sempre se mantém dentro da sombra da escuridão,
O padrão de humildade exibido,
exibido à vista de tudo abaixo do céu;
ele está na excelência imutável,
o retorno infinito ao primeiro estado do homem.

Quem sabe como a glória brilha,
no entanto, ama a desgraça, mesmo porque é pálida;
veja sua presença em um vale espaçoso,
para o qual os homens vêm de todos os lugares sob o céu.
A excelência imutável completa sua história;
o homem simples, saudamos.

O material bruto, quando dividido e distribuído, forma vasos. O sábio, quando empregado, torna-se o chefe de todos os oficiais (do governo) e em seus maiores regulamentos, não emprega medidas violentas.

29 二十九

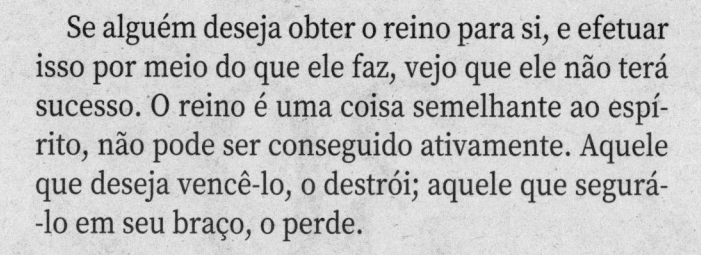

Se alguém deseja obter o reino para si, e efetuar isso por meio do que ele faz, vejo que ele não terá sucesso. O reino é uma coisa semelhante ao espírito, não pode ser conseguido ativamente. Aquele que deseja vencê-lo, o destrói; aquele que segurá-lo em seu braço, o perde.

O curso e a natureza das coisas são tais que
o que estava na frente agora está para trás;

O que esquentou antes, encontrou o congelamento.

A força é a fraqueza do despojo.

As ruínas zombam do nosso trabalho.

Consequentemente, o sábio põe de lado o esforço excessivo, a extravagância e a indulgência fácil.

30

三十

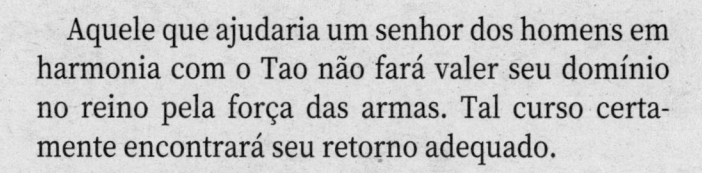

Aquele que ajudaria um senhor dos homens em harmonia com o Tao não fará valer seu domínio no reino pela força das armas. Tal curso certamente encontrará seu retorno adequado.

Onde quer que um hospedeiro esteja estacionado, espinhos brotam. Na sequência de grandes exércitos certamente virão anos ruins.

Um habilidoso comandante desfere um golpe decisivo e para. Ele não ousa continuar suas operações para afirmar e completar seu domínio. Ele dará o golpe, mas estará em guarda contra ser vaidoso, orgulhoso ou arrogante em consequência disso. Ele o ataca como uma questão de necessidade; ele ataca, mas não por desejo de maestria.

Quando as coisas atingem sua forte maturidade, envelhecem. Isso pode ser dito não estar de acordo com o Tao: o que não está de acordo com ele logo chega ao fim.

31

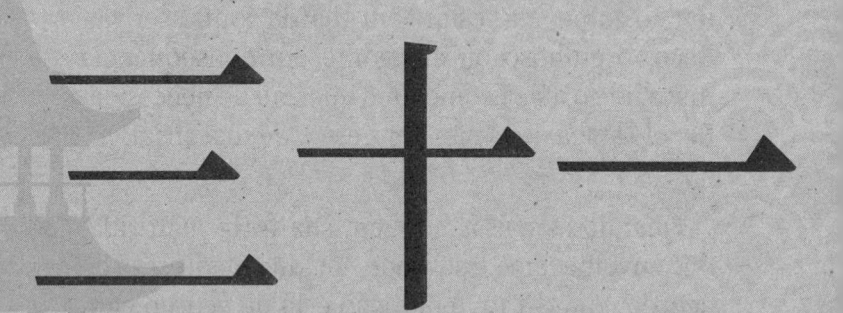

三十一

Ora, as armas, por mais belas que sejam, são instrumentos de mau presságio, odiosas, pode-se dizer, para todas as criaturas. Portanto, aqueles que têm o Tao não gostam de empregá-las.

O homem superior normalmente considera a mão esquerda o lugar mais honrado, mas em tempos de guerra, a direita. Essas armas afiadas são instrumentos de mau presságio e não os instrumentos do homem superior; ele as usa apenas sob a compulsão de necessidade. Calma e repouso são o que ele valoriza; a vitória (pela força das armas) é para ele indesejável. Considerar isso desejável seria deliciar-se com a matança de homens; aquele que se deleita na matança de homens não pode obter sua vontade no reino.

Em ocasiões de festa, estar à esquerda é a posição valorizada; em ocasiões de luto, a mão direita. O segundo no comando do exército tem seu lugar na esquerda; o comandante-chefe geral tem o seu à direita; seu lugar, é atribuído a ele como nos ritos de luto. Aquele que matou multidões de homens deveria chorar por eles com a mais amarga dor; o vencedor da batalha tem o seu lugar (corretamente) de acordo com esses ritos.

32

三十二

O Tao, considerado imutável, não tem nome.

Se um príncipe feudal ou o rei pudesse segurá-lo, todos se submeteriam espontaneamente a ele.

Céu e Terra (sob sua orientação) se unem e enviam o doce orvalho que sem as instruções dos homens, chega igualmente a todos os lugares como por conta própria.
Assim que passa à ação, ele tem um nome. Quando já teve esse nome, (homens) podem saber descansar nele.

Quando eles sabem descansar nele, eles podem estar livres de todos os riscos de falha e erro.

A relação do Tao com todo o mundo é como a dos grandes rios e mares com os córregos dos vales.

33

三十三

Aquele que conhece outros homens tem discernimento; aquele que se conhece é inteligente. Aquele que supera os outros é forte; aquele que se supera é poderoso. Aquele que está satisfeito com seu lote é rico; aquele que segue agindo com energia tem uma vontade (firme).

Aquele que não falha nas exigências de sua posição, continua por muito tempo; aquele que morre e ainda não perece, tem longevidade.

34

三十四

O que permeia tudo é o Grande Tao! Ele pode ser encontrado à esquerda e à direita.

Todas as coisas dependem dele para a sua produção, que dá a eles, não se recusando obediência a ele. Quando seu trabalho é realizado, ele não reivindica o nome de ter feito. Veste todas as coisas como se fossem uma vestimenta e não assume que seja seu senhor; pode ser nomeado nas menores coisas. Todas as coisas retornam à sua raiz, desaparecem e não sabem que é ele que preside a fazê-lo; pode ser nomeado nas maiores coisas.

Consequentemente, o sábio é capaz, da mesma forma, de realizar suas grandes realizações. Por não se engrandecer, ele pode realizá-las.

35

三十五

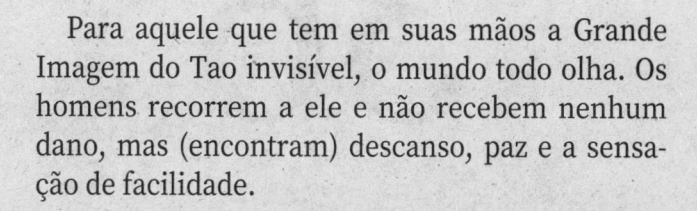

Para aquele que tem em suas mãos a Grande Imagem do Tao invisível, o mundo todo olha. Os homens recorrem a ele e não recebem nenhum dano, mas (encontram) descanso, paz e a sensação de facilidade.

Música e guloseimas farão o hóspede, que passa parar por um tempo. Mas embora o Tao como sai da boca, pareça insípido e não tem sabor, e não pareça valer a pena ser olhado ou ouvido, seu uso é inesgotável.

36 三十六

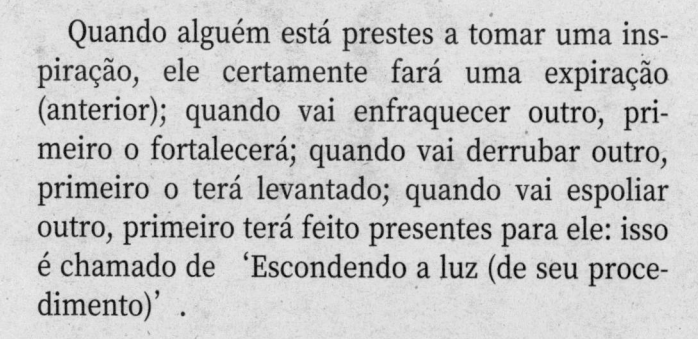

Quando alguém está prestes a tomar uma inspiração, ele certamente fará uma expiração (anterior); quando vai enfraquecer outro, primeiro o fortalecerá; quando vai derrubar outro, primeiro o terá levantado; quando vai espoliar outro, primeiro terá feito presentes para ele: isso é chamado de 'Escondendo a luz (de seu procedimento)'.

O suave supera o duro; os fracos superam os fortes.

Os peixes não devem ser retirados do fundo; instrumentos para o lucro de um estado não devem ser mostrados às pessoas.

37
三十七

O Tao em seu curso normal não faz nada (no intuito de fazê-lo) e então não há nada que não faça.

Se príncipes e reis fossem capazes de mantê-lo, todas as coisas seriam transformadas por eles.

Se essa transformação se tornasse para mim um objeto de desejo, eu expressaria o desejo pela simplicidade sem nome.

Simplicidade sem nome.
Está livre de todos os objetivos externos.
Sem desejo, em repouso e quieto,
todas as coisas vão bem como querem.

SEGUNDA PARTE

38
三十八

Aqueles que possuíam em alto grau os atributos do Tao não buscavam mostrá-los e, portanto, eles os possuíram na medida mais completa. Aqueles que possuíam em menor grau esses atributos procuraram maneiras para não os perder, e, portanto, eles não os possuíam em plena medida.

Aqueles que possuíam no mais alto grau esses atributos não faziam nada com um propósito e não tinham necessidade de fazer nada. Aqueles que os possuíam em um grau inferior estavam sempre fazendo e precisavam fazer.

Aqueles que possuíam a maior benevolência estavam sempre buscando carregá-la e não tinham necessidade de fazer isso. Aqueles que possuíam a mais alta justiça estavam sempre buscando cumpri-la, tinham que fazer isso.

Aqueles que possuíam o maior senso de propriedade estavam sempre buscando mostrá-lo e quando os homens não responderam a ele, eles desnudaram o braço e marcharam até eles.

Foi assim que, quando o Tao foi perdido, seus atributos apareceram; quando seus atributos foram perdidos, a benevolência apareceu; quando a benevolência foi perdida, a justiça apareceu; e quando a justiça foi perdida, as propriedades apareceram.

Agora, a propriedade é a forma atenuada de lealdade e boa fé e também é o início da desordem; apreensão rápida é (apenas) uma flor do Tao: é o começo da estupidez.

Assim é que o Grande homem permanece com o que é sólido e evita o que é frágil; mora com o fruto e não com a flor. É assim que ele afasta aquele e faz a escolha do outro.

39

三十九

As coisas que desde a antiguidade obtiveram o Um (o Tao) são:
Céu que por ele é brilhante e puro;
terra tornada assim firme e segura;
espíritos com poderes por ele fornecidos;
vales mantidos cheios durante todo o seu vazio;
todas as criaturas que através dele vivem.
Todos esses são os resultados do Um (Tao).
Se o céu não fosse assim puro, logo se despedaçaria;
se a terra não fosse tão segura, ela se quebraria e se dobraria;
sem esses poderes, os espíritos logo cairiam;
se não fosse assim, a seca ressecaria cada vale;
sem essa vida, as criaturas morreriam;
príncipes e reis, sem essa influência moral,
por mais grandiosos e altos que fossem, tudo se deterioraria.

É assim que a dignidade encontra a sua firme raiz na sua anterior mesquinhez, e o que é elevado encontra sua estabilidade na baixeza da qual surge.

Daí os príncipes e reis os chamam 'Órfãos', 'Homens de pequena virtude' e 'Carruagens sem nave'. Isso não é um reconhecimento de que, ao se considerarem, significa que veem o fundamento de sua dignidade? Por isso, alcançar o valor é aproximar-se do não-elogio. Não desejando o vulgar, como a jade sendo simples como a pedra.

40

四十

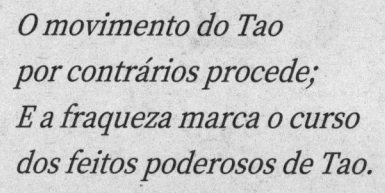

*O movimento do Tao
por contrários procede;
E a fraqueza marca o curso
dos feitos poderosos de Tao.*

Os seres sob o céu surgiram Dele como existentes (e nomeados); e a existência surgiu Dele como não-existência (e sem nome).

41

四十一

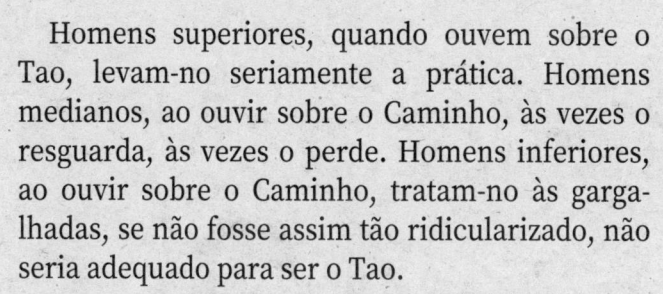

Homens superiores, quando ouvem sobre o Tao, levam-no seriamente a prática. Homens medianos, ao ouvir sobre o Caminho, às vezes o resguarda, às vezes o perde. Homens inferiores, ao ouvir sobre o Caminho, tratam-no às gargalhadas, se não fosse assim tão ridicularizado, não seria adequado para ser o Tao.

Por isso, as seguintes palavras sugerem:

A iluminação do Caminho é como se fosse a obscuridade.

O avanço do Caminho é como se fosse o retrocesso.

Seu caminho uniforme é como uma pista acidentada.

A Virtude superior é como se fosse o comum.

A grande brancura é como se fosse o sujo.

A Virtude ampla é como se fosse insuficiente.

Sua sólida verdade parece sofrer uma mudança.

O grande quadrado não tem ângulos.

O grande recipiente conclui-se tarde.

O grande som carece de ruído.

A grande imagem não tem forma.

O Tao está oculto e não tem nome; mas é o Tao que é hábil em transmitir tudo o que eles precisam e torná-los completos.

42
四十二

O Tao gerou Um; Um gerou Dois; Dois geraram Três; Três geraram todas as coisas. Todas as coisas deixam para trás a obscuridade de onde vieram, e seguem em frente para abraçar o Brilho no qual eles emergiram, enquanto são harmonizadas através do esplêndido sopro.

O que os homens detestam são os órfãos, os carentes e os indignos, mas é assim que os reis e príncipes se denominam. Por isso as coisas ao serem diminuídas, aumentarão, e, aumentadas, diminuirão.

O que outros homens assim ensinam, eu também ensino. Os violentos e fortes não morrem de morte natural. Farei disso a base do meu ensino.

43

四十三

A coisa mais suave do mundo vence a mais dura; aquilo que não tem existência substancial entra onde não há fenda. Por isso conheço o benefício de não fazer nada com um propósito.

Existem poucos no mundo que alcançam o ensino sem palavras e a vantagem decorrente da não ação.

44

四十四

Fama ou a vida?
O que você considera mais caro?
A vida ou a riqueza?
O que vale mais?
Mantenha a vida e perca essas outras coisas;
mantenha-os e perca sua vida: o que traz tristeza e dor mais próximas?
Assim, podemos ver, que quem se apega à fama rejeita o que é mais grandioso.
Quem está contente não precisa temer nenhuma vergonha.
Quem sabe parar não incorre em culpa.
Sendo assim, poderá viver longamente.

45
四十五

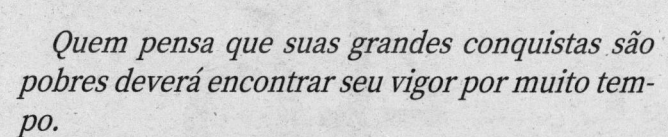

Quem pensa que suas grandes conquistas são pobres deverá encontrar seu vigor por muito tempo.
A suprema abundância parece vazia,
e sua utilização não esgota.
Faça o que é reto e mesmo que pareça tortuoso, considere;
tua maior arte ainda parece estúpida.
A suprema eloquência parece tartamudear.

O movimento vence o frio e a quietude vence o calor; a transparência e a quietude atuam governando sob o céu.

46

四十六

Quando o Tao prevalece no mundo, eles enviam seus cavalos velozes para puxar os carrinhos de esterco. Quando o Tao é desconsiderado no mundo, os cavalos de guerra se reproduzem nas terras de fronteira.

Não há culpa maior do que sancionar a ambição; nenhuma calamidade maior do que ser descontente com o próprio destino; nenhuma falha maior do que o desejo de obter. Portanto, a suficiência de contentamento é uma suficiência duradoura e imutável.

47
四十七

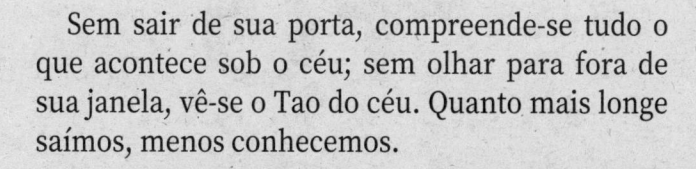

Sem sair de sua porta, compreende-se tudo o que acontece sob o céu; sem olhar para fora de sua janela, vê-se o Tao do céu. Quanto mais longe saímos, menos conhecemos.

Portanto, os sábios obtiveram seu conhecimento sem viajar; deram nomes corretos às coisas sem vê-las; cumpriram seus fins sem qualquer propósito de fazer isso.

48
四十八

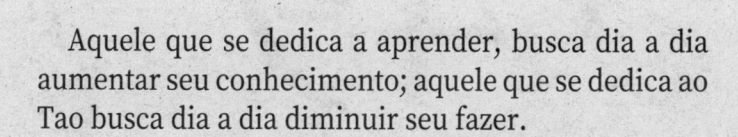

Aquele que se dedica a aprender, busca dia a dia aumentar seu conhecimento; aquele que se dedica ao Tao busca dia a dia diminuir seu fazer.

Diminuindo cada vez mais, até que chega a não fazer nada de propósito.

Apoderar-se do mundo é permanecer através da não-atividade. Ao surgir a atividade já não é mais suficiente para apoderar-se do mundo.

49
四十九

O Homem Sagrado não tem coração.

Toma o povo como seu coração.

Para aqueles que são bons (para mim), eu sou bom; para aqueles que não são bons (para mim), eu também sou bom; e assim todos passam a ser bons.

Para aqueles que são sinceros (comigo), eu sou sincero; para aqueles que não são sinceros (comigo), também sou sincero; e assim todos são sinceros.

O sábio tem no mundo uma aparência de indecisão e mantém sua mente em um estado de indiferença para com todos.

Todas as pessoas mantêm seus olhos e ouvidos voltados para ele e ele trata todos como seus filhos.

50

五十

Nascer na vida, entrar na morte.

De cada dez, três são ministros da vida (para eles próprios); três são ministros da morte.

Também há três em cada dez, cujo objetivo é viver, mas cujos movimentos tendem a terra (ou local) da morte. E por qual motivo? Por causa de seus excessivos esforços para perpetuar a vida.

Mas eu ouvi que aquele que é hábil em administrar a vida que lhe foi confiada, por um tempo viaja pela terra sem ter que evitar rinocerontes ou tigres e entra em um hospedeiro sem ter que evitar armaduras ou arma afiada. O rinoceronte não encontra lugar para enfiar seu chifre, nem o tigre um lugar para fixar suas garras, nem a arma um lugar para ferir. E por qual motivo? Porque nele não existe lugar para a morte.

51

五十一

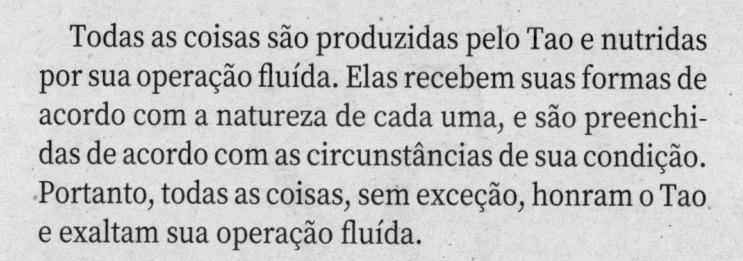

Todas as coisas são produzidas pelo Tao e nutridas por sua operação fluída. Elas recebem suas formas de acordo com a natureza de cada uma, e são preenchidas de acordo com as circunstâncias de sua condição. Portanto, todas as coisas, sem exceção, honram o Tao e exaltam sua operação fluída.

Esta homenagem ao Tao e exaltação de sua operação não é o resultado de qualquer ordenação, mas sempre uma homenagem espontânea.

É assim que o Tao produz (todas as coisas), nutre-as, as conduz à plenitude de crescimento, as nutre, as completa, as amadurece, as mantém e as espalha.

Ele as produz e não reivindica a posse delas; as carrega através de seus processos e não exalta sua habilidade ao fazê-lo; traz para a maturidade e não exerce controle sobre elas; isso é chamado de operação misteriosa.

52

五十二

O Tao que se originou sob o céu deve ser considerado como a mãe do mundo.

Quando a mãe é encontrada, sabemos como seus filhos devem ser. Quando se sabe que ele é filho de sua mãe e passa a proteger as qualidades da mãe que pertencer a ele, até o fim de sua vida ele estará livre de todo perigo.

Que ele mantenha sua boca fechada e feche os portais, e toda a sua vida ele estará isento de esforços laboriosos. Deixe-o manter a boca aberta e gastar seu fôlego na promoção de seus negócios, e durante toda a sua vida não haverá segurança para ele.

Ver o pequeno se chama iluminação. Usar a suavidade se chama força.

Use de volta sua luz para voltar a iluminar-se e assim, não restará dano ao corpo.

Isto se chama herdar o constante.

53

五十三

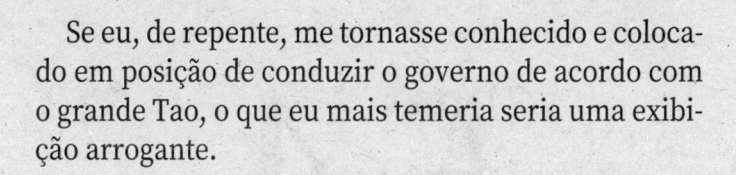

Se eu, de repente, me tornasse conhecido e colocado em posição de conduzir o governo de acordo com o grande Tao, o que eu mais temeria seria uma exibição arrogante.

O grande Tao (ou caminho) é muito plano e fácil; mas as pessoas adoram os atalhos.

Os seus pátios, quintais e edifícios devem ser bem conservados, mas os seus campos devem ser mal cultivados e os seus celeiros muito vazios. Eles devem vestir bordados coloridos e carregar espada afiada em seu cinto.

Satisfazem-se comendo e bebendo, e possuem uma superabundância de propriedades e riquezas; tais (príncipes) podem ser chamados ladrões e presunçosos. Isso é contrário ao Tao, com certeza!

Satisfazer-se comendo e bebendo e possuir moedas e bens em excesso.

54
五十四

O que o conhecedor habilidoso do caminho planta, não se desrraiga.

O que seus braços hábeis envolvem, não se aparta.

Assim, filhos e netos não cessam de cultuar.

Restaure seu corpo e sua virtude será autêntica.

Restaure sua casa e sua virtude será abundante.

E onde a família governa quantas riquezas se acumularão!

Restaure sua província e sua virtude será crescente.

Restaure seu reino e sua virtude será farta.

Restaure seu mundo e sua virtude será vasta.

Desse modo, o efeito será percebido na pessoa, pela observação de diferentes casos; na família; na vizinhança; no Estado e no reino.

Como posso saber se esse efeito certamente manterá tudo sob o céu? Por este método de observação.

55

五十五

Aquele que possui em si abundantemente os atributos (do Tao) é como uma criança.

Os insetos venenosos não o picarão; feras ferozes não o agarrarão; aves de rapina não baterão nele.

Os ossos (do bebê) são fracos e seus tendões macios, mas, ainda assim, seu aperto é firme.

Desconhece a união de macho e fêmea.

Mas seu órgão se desperta, pela plenitude da essência.

Grita até o fim do dia, mas não fica rouco, pela plenitude da harmonia.

Conhecer a harmonia chama-se constância.

Conhecer a constância chama-se iluminar.

Enriquecer a vida chama-se esclarecer.

E o coração que ordena o sopro chama-se força.

As coisas no seu auge tornam-se velhas. Isso chama-se negar o Caminho.

Negando o Caminho, rapidamente falecem.

56

五十六

Aquele que conhece (o Tao) não se preocupa em falar sobre isso; aquele que está sempre pronto para falar sobre isso não sabe disso.

Quem sabe vai ficar de boca fechada e fechar os portais de suas narinas. Ele embotará suas pontas afiadas e desvendará as complicações das coisas; ele vai tentar seu brilho, e põe-se de acordo com a obscuridade dos outros. Isso é chamado de 'Acordo Misterioso'.

Tal pessoa não pode ser tratada de forma familiar ou distante; está além de qualquer consideração de lucro ou prejuízo; de nobreza ou mesquinhez: ele é o homem mais nobre sob o céu.

57

五十七

Um estado pode ser governado por medidas de correção; armas de guerra podem ser usadas com destreza astuta; mas o reino se torna seu apenas pela liberdade de ação e propósito.

Como posso saber se é assim? Por estes fatos: No reino, a multiplicação de decretos proibitivos aumentam a pobreza do povo; quanto mais implementos para adicionar ao lucro que as pessoas têm, quanto maior a desordem há no estado e clã; quanto mais atos de destreza astuta os homens possuem, mais estranhos artifícios aparecem; quanto mais exposição houver de legislação, mais ladrões e salteadores existem.

Por isso o Homem Sagrado dizia:

Eu não agindo, o povo se transforma.

Eu sem atividade, o povo se enriquece.

Eu bem tranquilo, o povo se retifica.

Eu sem desejos, o povo se simplifica.

58

五十八

Onde governa a tolerância o povo tem tranquilidade.

Onde governa a discriminação o povo tem insatisfação.

É na desgraça que se encontra a felicidade.

É na felicidade que se esconde a desgraça.

Quem é capaz de conhecer estes extremos?

Na ausência de governo, o governo passa a agir como estranho, bondade passa a agir como maldade e a ilusão do homem tem seu dia consolidado longamente.

Seja quadrado sem corte, seja honesto sem humilhar

Seja reto sem abuso, seja luminoso sem ofuscar.

59
五十九

Para reger o homem e servir o céu

Nada como ser o modelo e somente sendo o modelo pode-se dominar cedo.

Dominar cedo significa aumentar o acúmulo de Virtude.

Aumentando o acúmulo de Virtude, não há o que não se possa vencer e não havendo o que não se possa vencer não se conhece seu extremo.

Podendo conhecer seus extremos pode-se possuir o reino.

Possuindo a mãe do reino pode-se ser constante.

Isto é uma raiz profunda e um pedúnculo sólido.

É o Caminho da vida constante e visão duradoura.

60

六十

Governar um grande estado é como cozinhar peixes pequenos.

Atuando sob o céu através do Caminho seus demônios não são despertados.

Não que seus demônios não sejam despertados, mas seu despertar não fere o homem.

Não apenas que seu despertar não fira o homem.

O Homem Sagrado também não fere o homem.

Sendo que os dois não se ferem, assim suas Virtudes se unem e retornam.

61

六十一

O grande reino é aquela corrente abaixo.

É um campo sob o céu.

Para ilustrar o caso de todas as mulheres: a mulher sempre vence o homem por sua quietude. A quietude pode ser considerada uma espécie de rebaixamento.

É assim que um grande estado, ao condescender com os pequenos estados, os obtém para si; que os pequenos estados, ao se rebaixarem a um grande estado, conquistam isso para eles.

No primeiro caso, o rebaixamento leva à obtenção de adeptos, no outro caso, a obtenção de favores.

O grande estado deseja apenas unir os homens e alimentá-los; um pequeno estado deseja apenas ser recebido e servir o outro.

Cada um obtém o que deseja, mas o grande estado deve aprender a se humilhar.

62 六十二

Tao tem, de todas as coisas, o lugar mais honrado.

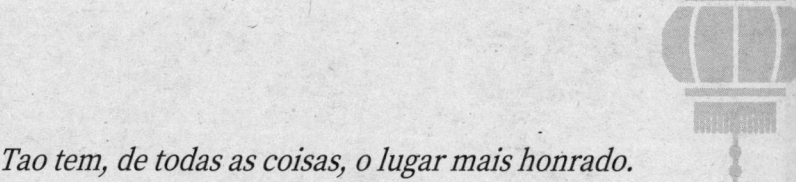

Nenhum tesouro dá a homens bons uma graça tão rica.

Homens maus, ele protege e apaga sua maldade.

Suas palavras admiráveis podem comprar honra; seus feitos admiráveis podem elevar um homem. Mesmo os homens que não são bons não são abandonados.

Por isso, ergue-se o filho do céu e ordenam-se os três duques.

Mesmo possuindo uma jade de oferenda e quatro cavalos, nada se compara a sentar e entrar no Caminho.

Por que motivo antigamente se valorizava o Caminho?

Não diziam que quem busca pode adquirir?

Quem possui culpa pode ser absolvido?

Por isso é valioso sob o céu.

63

六十三

É a maneira do Tao: agir sem pensar em agir; conduzir negócios sem sentir o problema deles; provar sem discernir nenhum sabor; considerar o que é pequeno como grande e poucos como muitos; e recompensar o dano com bondade.

O mestre nisso antecipa coisas que são difíceis enquanto são fáceis e faz coisas que se tornariam grandes enquanto são pequenas. Todas as coisas difíceis do mundo, com certeza, surgirão de um estado anterior em que eram fáceis e todas as grandes coisas de um estado em que eram pequenas.

Portanto, o sábio, embora nunca faça o que é grande, é capaz, por isso, de realizar as maiores coisas.

Aquele que promete levianamente, certamente guardará pouca fé; aquele que está pensando continuamente em coisas fáceis certamente as tornarão difíceis.

Portanto, o sábio vê dificuldade mesmo no que parece fácil, então nunca tem nenhuma dificuldade.

64

六十四

Aquilo que está em repouso é facilmente mantido sob controle; antes que algo dê indicações de sua presença, é fácil tomar medidas contra ele; o que é frágil é facilmente quebrado; o que é muito pequeno se dispersa facilmente. A ação deve ser tomada antes de qualquer coisa; a ordem deve ser assegurada antes que a desordem comece.

A árvore que preenche os braços cresceu a partir do menor broto; a torre de nove andares levantou-se de um (pequeno) monte de terra; a jornada de dez mil milhas começa com um único passo.

Aquele que age com um propósito ulterior causa dano; aquele que segura uma coisa, da mesma forma, perde o controle.

O sábio não age assim e, portanto, não fere; ele não se apega assim e, portanto, não o perde.

Os homens, na realização das atividades sempre fracassam em suas quase conclusões.

Cautela tanto no fim como no princípio, conduz à atividade sem fracasso.

Portanto, o sábio deseja o que outros homens não desejam, e não valoriza as coisas difíceis de obter; ele aprende o que outros homens não aprendem, e volta para o que a multidão de homens passou.

Assim, ele ajuda o desenvolvimento natural de todas as coisas, e não se atreve a agir com um propósito posterior próprio.

65

六十五

Os antigos que mostraram sua habilidade em praticar o Tao o fizeram, não para iluminar as pessoas, mas sim torná-las simples e humildes.

A dificuldade em governar o povo surge por terem muito conhecimento.

Aquele que tenta governar um estado por sua sabedoria é um flagelo para si; enquanto aquele que não tenta fazer isso é uma bênção.

Aquele que conhece essas duas coisas encontra nelas também seu modelo e regra.

Capacidade de saber este modelo e regra constituem o que chamamos de excelência misteriosa de um governador.

Profunda e de longo alcance é essa excelência misteriosa, mostrando de fato seu possuidor em oposição aos outros, mas conduzindo-os a uma grande conformidade com ele.

66
六十六

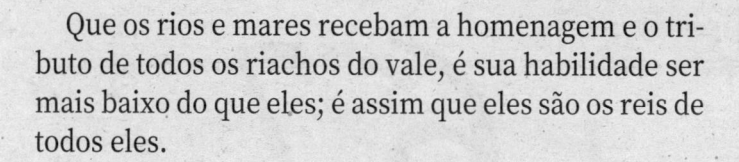

Que os rios e mares recebam a homenagem e o tributo de todos os riachos do vale, é sua habilidade ser mais baixo do que eles; é assim que eles são os reis de todos eles.

É assim que o sábio governante, desejando estar acima dos homens, se coloca por suas palavras abaixo deles, e, desejando estar diante deles, coloca-se atrás deles.

Desta forma, embora ele tenha seu lugar acima deles, os homens não sentem seu peso, nem embora ele tenha seu lugar diante deles, eles o consideram um prejuízo para eles.

Portanto, todos no mundo se deleitam em exaltá-lo e não se cansam dele. Porque ele não se esforça, ninguém acha possível lutar contra ele.

67

六十七

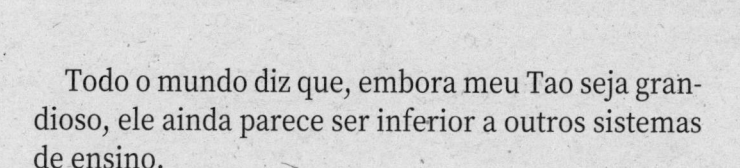

Todo o mundo diz que, embora meu Tao seja grandioso, ele ainda parece ser inferior a outros sistemas de ensino.

Agora é apenas sua grandeza que o faz parecer inferior. Se fosse como qualquer outro sistema, por muito tempo sua pequenez seria conhecida!

Mas tenho três coisas preciosas que prezo e mantenho com firmeza: a primeira é gentileza; a segunda é a simplicidade e a terceira é evitar ter precedência sobre os outros. Com essa gentileza, posso ser ousado; com essa simplicidade, posso ser liberal; não encorajando ter precedência sobre os outros, posso me tornar um instrumento da mais alta honra.

Hoje em dia, eles abandonam a gentileza e são todos ousados; a simplicidade, e são todos liberais; o último lugar, e procuram apenas ser os primeiros; de todos os quais o fim é a morte.

A gentileza certamente será vitoriosa, mesmo na batalha, e manterá seu terreno com firmeza.

O céu salvará seu possuidor, por sua gentileza protegendo-o.

68

六十八

Aquele que nas guerras do caminho tem habilidade, não assume nenhuma porta marcial.

Contra aquele que luta com boa vontade, a raiva não tem recurso.

Aquele que ainda vence, afasta seus inimigos.

Assim, dizemos: 'Ele nunca afirma, e aí está o seu poder'.

Assim, dizemos: 'Ele dobra a vontade dos homens, que eles com ele se unam.

Assim, dizemos: 'Como o paraíso é seu fim, nenhum sábio mais antigo é mais brilhante'.

69

六十九

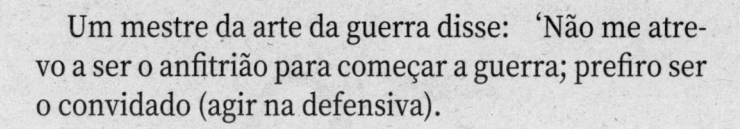

Um mestre da arte da guerra disse: 'Não me atrevo a ser o anfitrião para começar a guerra; prefiro ser o convidado (agir na defensiva).

Eu não me atrevo a avançar uma polegada; prefiro recuar um pé'.

Isso é chamado de organizar as fileiras onde não há fileiras; desnudar os braços para lutar onde não há braços para desnudar; agarrando a arma onde não há arma para agarrar; avançando contra o inimigo onde não há inimigo.

Não há calamidade maior do que travar uma guerra levianamente. Fazer isso é quase perder a gentileza que é tão preciosa.

Assim é que, quando as armas opostas são cruzadas, quem deplora a situação vence.

70

七十

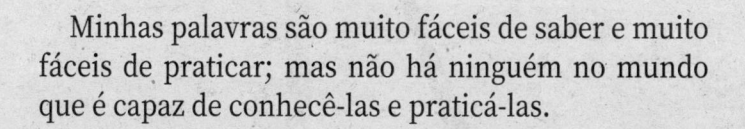

Minhas palavras são muito fáceis de saber e muito fáceis de praticar; mas não há ninguém no mundo que é capaz de conhecê-las e praticá-las.

Há um princípio originário e abrangente em minhas palavras, e uma lei autorizada para as coisas que eu aplico. É porque eles não sabem, que os homens não me conhecem. São poucos os que me conhecem, por isso devo ser valorizado ainda mais.

É assim que o sábio usa uma vestimenta pobre de pano, enquanto carrega seu sinete de jade em seu seio.

71

七十一

Saber e ainda pensar que não sabemos é a mais elevada realização; não saber e ainda pensar que sabemos é uma doença.

Assim, o Homem Sagrado não adoece. Por considerar doença a doença.

Por isso, não há doença.

72

七十二

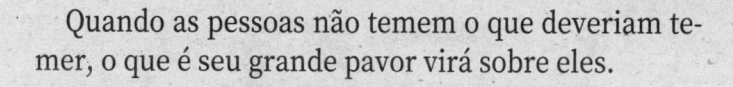

Quando as pessoas não temem o que deveriam temer, o que é seu grande pavor virá sobre eles.

Que eles não se entreguem irrefletidamente à vida cotidiana; deixe-os não agirem como se estivessem cansados do que aquela vida depende.

É evitando tal indulgência que tal cansaço não surge.

Portanto, o sábio sabe essas coisas de si mesmo, mas não desfila seu conhecimento; ama, mas não parece definir um valor para si mesmo.

E assim ele afasta a última alternativa e faz a escolha da primeira.

73

七十三

Quem tem coragem de ser valente terá a morte e quem tem coragem de ser cauteloso terá a vida.

E esses dois são ora benéficos, ora maléficos.

Quem compreenderá a causa quando o céu repudia?

Por causa disso, o sábio sente uma dificuldade quanto ao que fazer no primeiro caso.

É a maneira do Céu não se esforçar, e ainda assim ele vence habilmente; não falar, e no entanto, é habilidoso em obter uma resposta; não chamar, e ainda assim os homens vêm por eles mesmos. Suas demonstrações são silenciosas, mas seus planos são habilidosos e eficazes.

As malhas da rede do Céu são grandes; distantes, mas não deixam nada escapar.

74
七十四

O povo não tem medo da morte; com que propósito se pode assustá-los com a morte?

Se considero estranho esse constante que não teme a morte devo, sinceramente, matar mesmo reconhecendo sua coragem?

Sempre há alguém que preside a imposição de morte. O homem que tomar o lugar no encargo de matar, será como substituir grande lenhador ao serrar.

O homem que substituir o grande lenhador ao serrar raramente não machucará a mão.

75
七十五

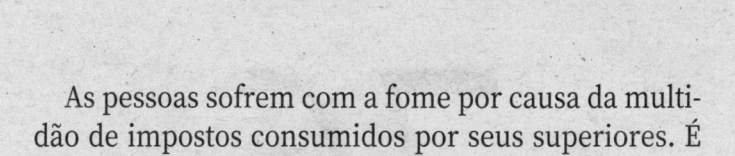

As pessoas sofrem com a fome por causa da multidão de impostos consumidos por seus superiores. É por isso que elas passam fome.

As pessoas são difíceis de governar por causa da agência excessiva de seus superiores em governá-las. É por isso que existe o desgoverno.

A fácil morte do povo é devida a viver-se uma vida de excessos.

Por isso existe a morte fácil.

Assim apenas aqueles que não utilizam a vida para agir são bons em valorizar a vida.

76
七十六

O homem em seu nascimento é flexível e fraco; em sua morte, firme e forte. Assim é com todas as coisas. Árvores e plantas, em seu crescimento inicial, são macias e quebradiças; na morte, secas e murchas.

Assim é que a firmeza e a força são concomitantes da morte; suavidade e fraqueza, os concomitantes da vida.

Portanto, aquele que confia na sua força não vence; uma árvore que é forte preencherá os braços estendidos e assim convida o companheiro. Portanto, o lugar do que é firme e forte está abaixo, e o que é suave e fraco está acima.

77

七十七

O Caminho do Céu é como o retesar do arco, a parte superior abaixa, a parte inferior sobe.

A parte que possui sobra é diminuída, a parte não--suficiente é completada.

É o Caminho do Céu para diminuir a superabundância e para suplementar a deficiência.

Não é assim com o jeito do homem. Ele tira aqueles que não têm o suficiente para adicionar à sua própria superabundância.

Quem pode tomar sua própria superabundância e, com isso, servir a todos sob o céu? Apenas aquele que possui o Tao!

Portanto, o sábio governante age sem reivindicar os resultados como seus; ele alcança o seu mérito e não descansa arrogantemente nele: ele não quer mostrar sua superioridade.

78

七十八

Não há nada no mundo mais leve e fraca do que a água, e ainda para atacar coisas que são firmes e fortes, não há nada que possa ter precedência sobre ela, pois não há nada tão eficaz pelo qual possa ser substituída.

Todo mundo sabe que a suavidade vence a força, e o fraco o forte, mas ninguém consegue realizá-lo na prática.

Portanto, um sábio disse:

'Aquele que aceita a reprovação de seu estado, é aclamado, portanto, o senhor de seus altares.

Aceitar as desventuras do reino, chama-se reinar sob o céu.'

As palavras corretas parecem contrárias.

79

七十九

Quando uma reconciliação é efetuada (entre duas partes) após uma grande animosidade, com certeza será um rancor na mente daquele que estava errado.

E como isso pode ser benéfico para o outro?

Sendo assim o sábio toma o Sinal Esquerdo e não critica as pessoas.

Por isso, quem tem Virtude se orienta pelo sinal e quem não tem Virtude se orienta pelo vestígio.

O Caminho do Céu não cria intimidade, mas acompanha sempre o homem bom.

80

八十

Em um pequeno estado com uma pequena população, eu ordenaria que, embora houvesse indivíduos com as habilidades de dez ou cem homens, não deve haver emprego deles.

Eu falaria as pessoas que, embora considerem a morte uma coisa dolorosa, não deveriam evitá-la.

Embora tivessem barcos e carruagens, não deveriam ter oportunidade de andar neles; embora tivessem armaduras e armas afiadas, não deveriam ter a oportunidade de vestir ou usá-las.

Faça o povo retornar aos nós em corda e ao seu uso, então serão doces seus alimentos, belas suas roupas, pacíficas suas moradias e alegres seus costumes.

Deve haver um estado vizinho à vista, e as vozes das aves e os cães devem ser ouvidos desde ele até nós.

Faça o povo alcançar a velhice sem ter que ir e vir.

81
八十一

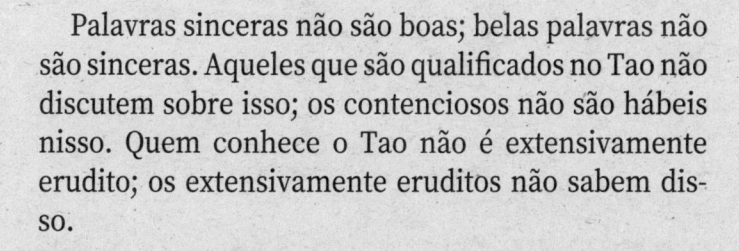

Palavras sinceras não são boas; belas palavras não são sinceras. Aqueles que são qualificados no Tao não discutem sobre isso; os contenciosos não são hábeis nisso. Quem conhece o Tao não é extensivamente erudito; os extensivamente eruditos não sabem disso.

O sábio não acumula para si mesmo. Quanto mais ele faz para os outros, mais ele possui; quanto mais ele dá aos outros, mais ele tem a si mesmo.

Com toda a nitidez do Caminho do Céu, não fere; com tudo que está fazendo no caminho do sábio, ele não se esforça.

SOBRE O AUTOR

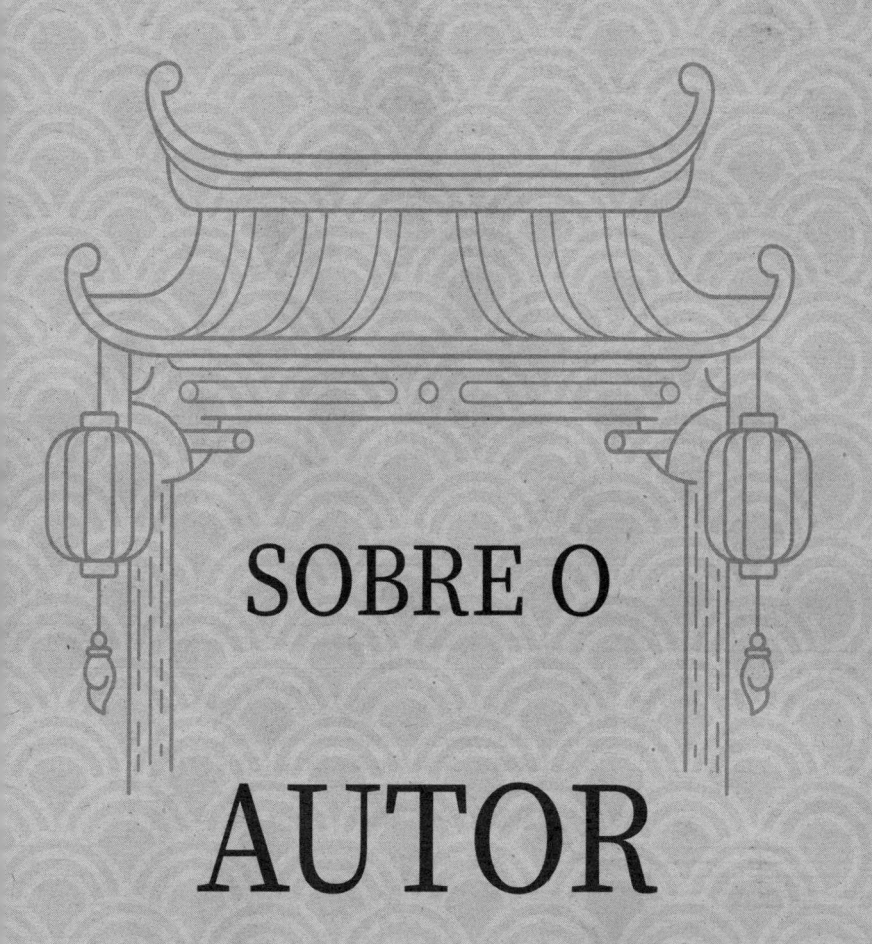

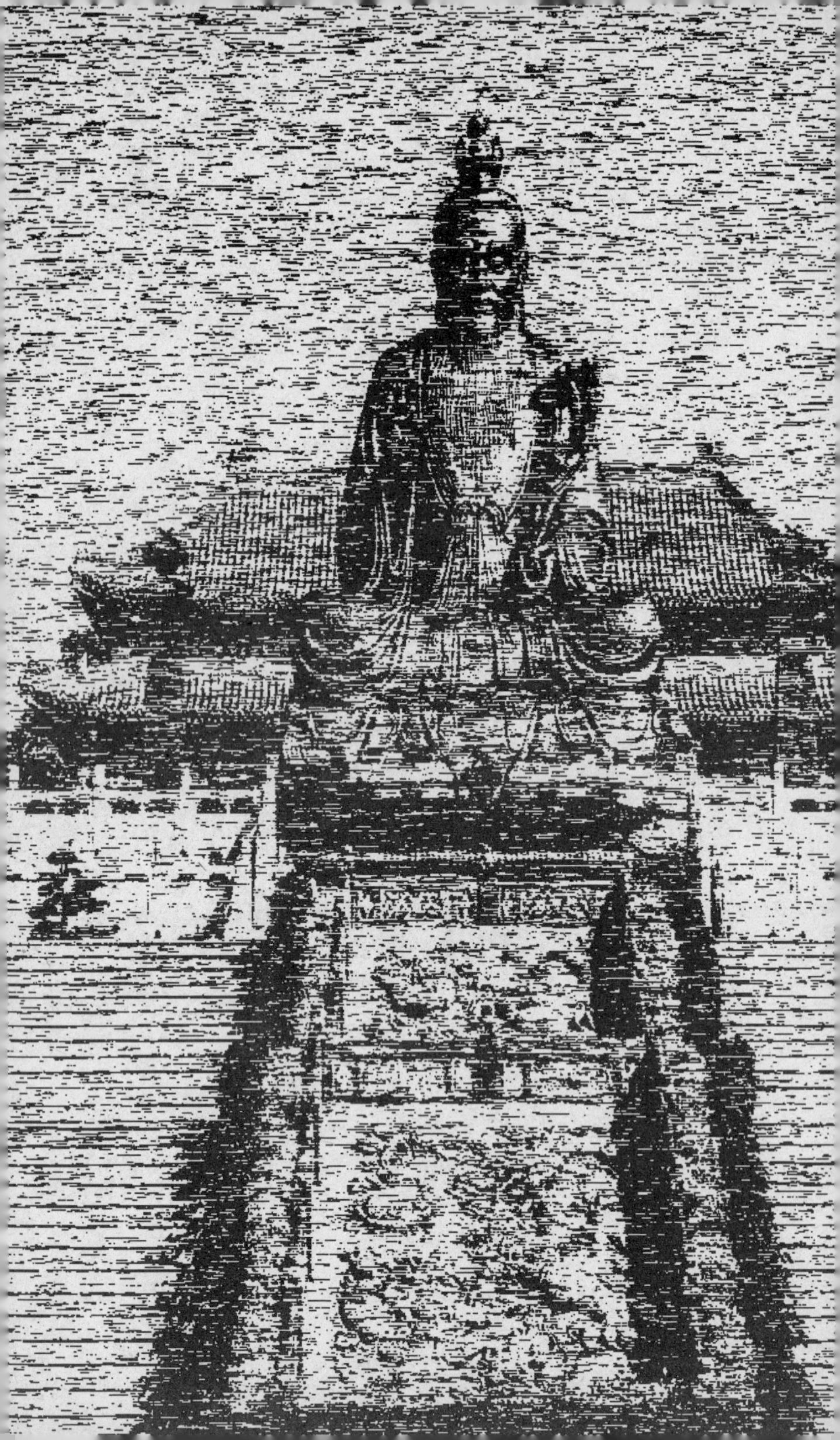

Lao tsé, Laozi, Lao-tzé ou Lao Tzu são todas pronúncias ocidentalizadas para o título do misterioso personagem da antiga filosofia chinesa. Lao Tzu não é um nome, significa "grande senhor" ou "velho mestre". O nome real de Lao Tzu seria Li Er ou Lao Dan.

Alguns Shiji, que são registros dos historiadores, que foram feitos pela dinastia chinesa Han, cerca de 400 anos depois da época de Lao Tzu, relatam que ele nasceu em Chu (atual Luyi), na província de Henan.

De acordo com a tradição, ele viveu no século VI a.C. Porém, há os que afirmam que Lao viveu dois séculos depois, em uma época conhecida como "Cem Escolas de Pensamento".

Foi um filósofo e escritor da Antiga China, fundador do taoísmo filosófico e uma divindade no taoísmo religioso e nas religiões tradicionais chinesas. É conhecido por ser o autor do importante livro "Tao Te Ching", ou "Livro do Caminho e da Virtude". Junto com a Bíblia, esse livro é um dos mais traduzidos no mundo.

O Wu wei, literalmente "não-ação", é um conceito fulcral do Tao Te Ching. O conceito Wu wei é multifacetado e tem diversos significados, até na tradução portuguesa, pode significar "não fazer nada", "não impor", "não atuar", "criar nada" e "atuar de maneira espontânea".

Faleceu na China em 517 a.C. aos oitenta e oito anos.

instagram.com/editorapedaletra/

facebook.com/EdPeDaLetra/

www.editorapedaletra.com.br

Pé da letra

QRCode para comprar